Milton Keynes UK
Ingram Content Group UK Ltd.
UKHW052242030124
435425UK00014B/763

سلسلة التاريخ الإسلامي للشباب

خاتم النبيين وخلافة الراشدين

محمد رجب

مكتبة العبيكان

شركة العبيكان للتعليم،

فهرسة مكتبة الملك فهد الوطنية أثناء النشر

سلسلة التاريخ الإسلامي للشباب ج١: خاتم النبيين

وخلافة الراشدين – سلسلة التاريخ الإسلامي

للشباب ج١ ردمك: ٠-٠٦٠-٠٤٠-٩٩٦-٩٧٨

حقوق الطباعة محفوظة للناشر

الطبعة الأولى

نشر وتوزيع 

المملكة العربية السعودية – الرياض

طريق الملك فهد – مقابل برج المملكة

هاتف: ٤٨٠٨٦٥٤ ١١ ٩٦٦+،

فاكس: ٤٨٠٨٠٩٥ ١١ ٩٦٦+ ص.ب: ٦٧٦٢٢

الرياض ١١٥١٧

جميع الحقوق محفوظة. ولا يسمح بإعادة إصدار هذا الكتاب أو نقله في أي شكل أو واسطة، سواء أكانت إلكترونية أو ميكانيكية، بما في ذلك التصوير بالنسخ (فوتوكوبي)، أو التسجيل، أو التخزين والاسترجاع، دون إذن خطي من الناشر.

الباب الأول

خاتم النبيين صلى الله عليه وسلم (٥٧١م - ٦٣٢م)

شبه الجزيرة العربية:

أشرق نور النبوة في شبه جزيرة العرب .. !

لقـد عرفت بلاد العرب وقت البعثـة المحمـدية -على صاحبها الصلاة والسلام- باسم جزيرة العرب، وهي تسمية مجازية لأنها شبه جزيرة، وسبب التسمية يرجع إلى إحاطة البحار بها من معظم جهاتها[١] .. وفي الغالب تنقسم بلاد العرب أو شبه جزيرة العرب (وقت البعثة المحمدية) إلى خمسة أقسام هي :

١- **تهامة:** وتشمل المنطقة الساحلية الضيقة الموازية لامتداد البحر الأحمر من اليمن جنوباً إلى العقبة شمالاً، ويحجزها عن داخل شبه الجزيرة سلسلة جبال السراة وهي أعظم جبال العرب .. ويشتق اسم تهامة من التهم أي شدة الحرّ وركود الريح .

٢- **نجد:** وتطلق على الهضبة الوسطى في شبه جزيرة العرب وتقع بين صحراء النفود في الشمال، والدهناء في الشرق، والحجاز غرباً .

---

(١) أقطارها = نواحيها أو جهاتها .

٣- **الحجاز**: ويقع بين نجد وتهامة، وسبب التسمية لكونه يحجز بين نجد وتهامة، ويمتد بينهما بمحاذاة الساحل، ويسمى هذا الجبل جبل السراة.

٤- **العروض**: وتشمل اليمامة والبحرين وما والاهما، ويرجع سبب تسميتها بالعروض إلى قيامها بالاعتراض بين اليمن ونجد والعراق، واليمامة منسوبة إلى اليمامة بنت سهم بن طسم، وقاعدة اليمامة في القديم مدينة حجر. أما البحرين فتقع قرب الخليج العربي، وكانت قاعدتها في القديم هجر.

٥- **اليمن**: منطقة واسعة تمتد من تهامة إلى العروض، كما أن معناها الخير والبركة، وعرفها العرب كذلك بالخضراء لكثرة مزارعها ونخلها وأشجارها وثمارها، وعرفتها اليونانية القديمة ببلاد العرب السعيدة.

أما عن مناخ شبه جزيرة العرب عموماً فيسودها الجفاف مع ندرة المطر الذي يسقط صيفاً على اليمن ويسقط في الشمال في فصلي الخريف والشتاء.

وتختص بشبه جزيرة العرب أربعة أنواع من الرياح:

- **ريح الصبا**: وهي ريح طيّبة تصفو إليها النفس، وتهب على نجد وهي الريح اليمانية.

- **ريح الشمال**: وهي باردة، وتهب على الحجاز آتية من الشام والعرب يكرهونها لما يصحبها من برودة، ولأنها تذهب بالغيم والخصب.

- **ريح الدبور**: وتهب من المغرب مصحوبة بالأمطار وتسمى الذاريات والمعصرات.

- **ريح التيمُّن**: وتهب من الجنوب، وهي حارة، تأتي من اليمن وتسمى السهام والسموم، ويحن الأعراب فيها إلى اليمن.

من المولد إلى البعثة:

تزوج عبدالله بن عبدالمطلب بآمنة بنت وهب التي اختارها له أبوه عبدالمطلب من أسرة عريقة، فقد كان أبوها وهب سيد بني زهرة، وذات يوم خرج عبدالله في تجارة إلى الشام وزوجه آمنة حامل، ولم يعد إذ توفي في يثرب ودفن فيها.

وولدت آمنة خير البشر محمداً صبيحة يوم الإثنين الموافق للعشرين من شهر نيسان سنة خمسمئة وإحدى وسبعين من ميلاد المسيح، وتلك السنة يطلق عليها عام الفيل.

عهدت أمه آمنة بإرضاعه إلى السيدة حليمة السعدية فرحلت به إلى بادية بني سعد، جنوب شرقي مكة، حيث تعلم الفصاحة، وقد أقام هناك مدة خمس سنوات.

ولد محمد ﷺ في قبيلة قريش العربية، ولما بلغ من العمر ست سنين خرجت به أمه لتزور قبر زوجها في يثرب، وحين عزمت على العودة إلى مكة بعد أن لبثت هناك شهراً أدركها الموت بالأبواء وهي راجعة، فكفل الجد عبدالمطلب حفيده اليتيم عامين إلى أن توفي، فكفله عمه أبو طالب.

نشأ محمد ﷺ يتيماً فقيراً، يقول تعالى في سورة الضحى للمصطفى ﷺ:

﴿أَلَمْ يَجِدْكَ يَتِيماً فَآوَىٰ ۝ وَوَجَدَكَ ضَالّاً فَهَدَىٰ ۝ وَوَجَدَكَ عَائِلاً فَأَغْنَىٰ﴾.

رعى محمد في صغره الغنم، ثم حين شب عن الطوق عمل بالتجارة، وسافر إلى الشام، وفي سن الخامسة والعشرين عمل في تجارة لخديجة بنت خويلد الأسدية، ولأمانته أرسلت إليه صديقتها نفيسة تتوسط في زواجهما، وتم الزواج، وبارك الله سبحانه في الزواج وكان لمحمد ﷺ منها البنون والبنات على الرغم من أنها كانت تكبره بنحو خمس عشرة سنة.

اعتاد محمد ﷺ أن يتعبّد في غار حراء، وفي سن الأربعين وفي اليوم السابع والعشرين من شهر رمضان أتاه جبريل بقرآن ربه، الذي ظلّ يتنزّل من السماء طوال ثلاث وعشرين سنة.

دعوته ﷺ:

ثم نزل قوله تعالى من سورة الشعراء ٢١٤: ﴿ وَأَنذِرْ عَشِيرَتَكَ الأَقْرَبِينَ ﴾، فصعد رسول الله ﷺ إلى جبل الصفا ودعا أهله وعشيرته إلى الإسلام.. فقال له أبو لهب عمه:

تباً لك، ألهذا جمعتنا؟!

ظل الرسول ﷺ يدعو قومه وعشيرته نحو ثلاث سنوات سراً حتى نزل قوله تعالى لرسوله العظيم: ﴿ فَاصْدَعْ بِمَا تُؤْمَرُ وَأَعْرِضْ عَنِ الْمُشْرِكِينَ ﴾. فكان هذا إذناً من الله سبحانه وتعالى بالجهر بالدعوة.

كان العرب ـ قبل ظهور الإسلام ـ يعبدون الأصنام في الكعبة لتقرّبهم إلى الله زلفى.. وكان سادة قريش يكثرون من الأصنام حول الكعبة لتقدم لها القرابين، ولتروج التجارة في مكة..

وقد حاربوا رسول الله ﷺ بلا هوادة وقاوموه مقاومة عنيفة، وادّعوا أنه ساحر وشاعر، وزعموا أن دعوته خداع أراد بها أن يهدم أصنامهم وأوثانهم ويزيل مجدهم.

ثم ما لبثوا أن بدؤوا في إيذائه وصحبه، حتى إنهم كانوا يخرجون عمّار ابن ياسر وأمه وأباه إلى الأبطح إذا حميت الرمضاء ويعذّبونهم بحرّها، وكان رسول الله ﷺ يمر بهم ويقول: «صبراً آل ياسر فإن موعدكم الجنة.. ».

ثم أمر ﷺ صحبه بالهجرة إلى الحبشة لما اشتهر به حاكمها النجاشي من عدل وكرم، فهاجر بعضهم إليها في شهر رجب من السنة الخامسة للبعثة، وكان عددهم أحد عشر رجلاً وأربع نساء، إلى أن بلغوا ثمانين عددا رجلاً النساء والأطفال، كان ضمن المهاجرين عثمان بن عفان وزوجه رقية بنت رسول الله ﷺ .

وفي بلد النجاشي أكرمهم الحاكم وأسبغ عليهم الأمن والطمأنينة؛ لكن قريشاً بعثت عمرو بن العاص وعبدالله بن أبي ربيعة لاسترداد المهاجرين وإعادتهم إلى مكة، وحمّلت رسوليها الهدايا الثمينة؛ وأخفق رسولا قريش في إقناع النجاشي بإعادة المؤمنين، وقال قولته الشهيرة للرسولين:

ـ إِن هذا والذي جاء به عيسى ليخرج من مشكاة واحدة، انطلقا والله لا أسلمهم إليكما.

المقاطعة:

وكانت المقاطعة التي فرضتها قريش على النبي وصحبه رداً عنيفاً حين عجزت قريش عن كبح جماح الدعوة العظيمة؛ لقد أخذ الإسلام ينتشر على الرغم من مقاومة أهل الشرك من قريش، وأخذ أشراف قريش يندفعون إلى الإسلام عن اقتناع ورضا، ومنهم عمر بن الخطاب الذي جاهر بالصلاة عند الكعبة تحت سمع قريش وبصرها.

أسرعت قريش تعلن المقاطعة وتحاصر بني هاشم في شعب أبي طالب بشرق مكة، وكان من بنود ذلك الإجراء الجائر:

* لا مصاهرة مع المؤمنين.

* ولا تجارة معهم.

* ولا علاقة من أي نوع.

كانت مقاطعة اقتصادية، اجتماعية، سياسية، واستمرت نحو ثلاث سنوات، وأمرت قريش فعلّقت صحيفة بذلك الخصوص في جوف الكعبة.

ولم يسمح للمسلمين بالاختلاط بغيرهم إلا في الأشهر الحُرم حين يفد العرب إلى مكة ليزوروا البيت الحرام.. وكان الرسول ﷺ يسارع بدعوة القبائل الوافدة إلى مكة إلى الإسلام.

ثم قيض الله سبحانه وتعالى للمؤمنين فرجاً مما لحقهم من كرب حين اندفع بعض شباب قريش إلى تهريب المؤن والطعام سراً إلى شعب أبي طالب؛ وحين تعاهدوا على نقض الصحيفة الظالمة ووفقوا إلى ذلك، وكان في طليعة شباب قريش زهير بن أبي أمية.

لقد توفي أبو طالب بعد ستة أشهر من الخروج من الشعب وكانت وفاة خديجة بعده بنحو شهرين.

ثم خرج ﷺ إلى الطائف يدعو ثقيفاً إلى الإسلام بيد أن ثقيفاً أبت أن تستجيب لدعوته، بل حرّضت عليه سفهاءها يسبونه ويؤذونه؛ فاستجار بربه؛ ثم عاد إلى مكة، فكان حدث الإسراء والمعراج آية عظيمة وتأييداً من الله سبحانه وتعالى لرسول الله ﷺ وتسرية لنفسه من عنت قريش وما لاقاه منها من عذاب وتكذيب، وفي رحلة الإسراء والمعراج فرضت الصلاة، لكن قريشاً كذّبت بحديث الإسراء، واشتدت في أذى الرسول وصحبه.

الهجرة إلى المدينة:

في السنة الحادية عشرة من البعثة استمع وفد من الأوس والخزرج –سكان يثرب– إلى دعوة الرسول ﷺ، فآمنوا وصدقوا، وفي الموسم التالي للحج وعند العقبة التقى رسول الله ﷺ بوفد آخر من أهل يثرب ودعاهم للإسلام فآمنوا وعادوا إلى يثرب ينشرون الإسلام بين أهلهم وعشيرتهم.. ولم يلبثوا أن بايعوا الرسول ﷺ على الإسلام والإخلاص للدعوة عند العقبة مرتين، وكان أول سفير بعثه ﷺ إلى يثرب هو مصعب بن عمير يقرئ أهلها القرآن ويعلّمهم أحكام الإسلام.

عندما اشتد إيذاء المشركين للرسول وصحبه أمر ﷺ صحبه بالهجرة إلى يثرب، ثم أخذ الرسول العظيم يعد نفسه للهجرة منتظراً إذن الله له، فسارعت قريش إلى دار الندوة تتشاور فيما تفعل، واتفقت كلمة زعماء

قريش على قتل الرسول ﷺ بأن يضربه فتيانها ضربة رجل واحد فيتفرق دمه بين القبائل ويرضى بنو هاشم بديته..!

يقول تعالى في سورة الأنفال: ﴿وَإِذْ يَمْكُرُ بِكَ الَّذِينَ كَفَرُوا لِيُثْبِتُوكَ أَوْ يَقْتُلُوكَ أَوْ يُخْرِجُوكَ وَيَمْكُرُونَ وَيَمْكُرُ اللَّهُ وَاللَّهُ خَيْرُ الْمَاكِرِينَ﴾.

لكن الله نجّى رسوله العظيم ﷺ، فخرج من داره ليلاً يصحبه أبو بكر، وعليٌّ نائم في فراشه، وخرجا إلى جبل ثور قرب مكة.

وقد أمضيا ثلاث ليال في غار حراء بجبل ثور، والله يحميهما، ثم انطلقا إلى ناحية قباء بيثرب فوصلاها بعد مسيرة ثمانية أيام، وصلاها يوم الإثنين الثاني عشر من شهر ربيع الأول.

أسس الرسول ﷺ مسجد قباء، وهو أول مسجد بني في الإسلام، ثم دخل ﷺ المدينة في السادس عشر من ربيع الأول راكباً ناقته القصواء، وحين بركت الناقة أمام دار أبي أيوب الأنصاري نزل رسول الله ﷺ بالدار وبنى مسجد المدينة في هذا المكان كما أقام له بيتاً بجوار المسجد، ثم أرسل إلى مكة من أحضر أهل بيته ﷺ.

عندما وصل الرسول ﷺ إلى يثرب جمع شمل أهلها، وأزال الخلاف بين الأوس والخزرج، وآخى بين المهاجرين والأنصار، وأصبحت يثرب معقل

الإسلام وملجأً المسلمين، وشعر أهل يثرب من الأوس والخزرج بالطمأنينة، ثم أطلق ﷺ على يثرب اسم المدينة، أو مدينة رسول الله ﷺ.

لكن المسجد الذي بناه الرسول ﷺ لم يكن الغرض منه مجرد إقامة الصلوات وحسب، وإنما كان مركزاً لبث الدعوة وتعليم المسلمين ونشر الإسلام، ومكاناً يتشاور فيه المسلمون في أمورهم، وليستقبل فيه الرسول من يفد عليه من قبائل العرب، ويقضي فيه بين الناس.

ثم تزوج رسول الله ﷺ من عائشة بنت أبي بكر، الصديقة بنت الصديق.

جهاده ﷺ:

أرسل الرسول ﷺ السرايا لكفّ قوة قريش عن ملاحقة المسلمين، وقد أذن الله تعالى لرسوله والمؤمنين بقتال المشركين مبيناً سبب هذا الإذن، قال تعالى في سورة الحج: ﴿أُذِنَ لِلَّذِينَ يُقَاتَلُونَ بِأَنَّهُمْ ظُلِمُوا وَإِنَّ اللَّهَ عَلَىٰ نَصْرِهِمْ لَقَدِيرٌ ۝٣٩ الَّذِينَ أُخْرِجُوا مِن دِيَارِهِم بِغَيْرِ حَقٍّ إِلَّا أَن يَقُولُوا رَبُّنَا اللَّهُ﴾.

واستطاعت سرية عبدالله بن جحش أن تأسر اثنين من قريش وأتوا بهما إلى الرسول ﷺ.

وفي العام الثاني من الهجرة وفي شهر رمضان وفي اليوم السابع عشر منه —وكان يوم جمعة— حمل المسلمون بقيادة الرسول ﷺ على الكفار حملة

صـادقـة، وأمـدّهم الله سبــحــانه بجنود من عنده، وانعـقـد لواء النصـر للمسلمين، وقتل من الكفار سبعون وأسر منهم سبعون، وقد جاء نبأ هذا النصر المبين في سورتي الأنفال وآل عمران .. قال تعالى : ﴿ وَلَقَدْ نَصَرَكُمُ اللَّهُ بِبَدْرٍ وَأَنتُمْ أَذِلَّةٌ فَاتَّقُوا اللَّهَ لَعَلَّكُمْ تَشْكُرُونَ ﴾ . وقال تعالى : ﴿ إِذْ تَسْتَغِيثُونَ رَبَّكُمْ فَاسْتَجَابَ لَكُمْ أَنِّي مُمِدُّكُم بِأَلْفٍ مِّنَ الْمَلَائِكَةِ مُرْدِفِينَ ﴾ .

كانت معـركـة بدر أولى معـارك الجـهـاد في سبـيل نشر الإسلام وإعـلاء كلمة الحق، وقد سماها الله سبحانه وتعالى غزوة الفرقان، حيث فرّق بها بين الحق والباطل، وضاعت هيبة قريش بين العرب .

بعد عام من هذه الغزوة المباركة الفاصلة، أي العام الثالث من الهجـرة، عـزمت قريـش على الانتقام لنفسـها من محمـد ﷺ وصحبـه، فجمـع أبـوسـفـيان نحو ثلاثة آلاف من كفار مكة وانطلق تجاه المدينة، فخرج ﷺ بمن مـعـه من المؤمنين إلى أحد، ونصَب مـعـسكره في أعلى الجبل، وأوصى الرماة بأن يحموا ظهر الجيش المقاتل .

ولما دارت رحى الحرب وانتصر المسلمون في البداية ترك الرماة مواقعهم وأسرعوا يجمعون الغنائم، فكرّ عليهم المشركون بقيادة خالد بن الوليد واحتلوا مكانهم وتمكنوا من ظهور المسلمين .

وفي هذه الغزوة استشهد سبعون مسلماً وشُجّ رأس الرسول العظيم وكسرت رباعيته واستشهد حمزة أسد الله وعم رسوله ﷺ، وعاد الرسول العظيم بمن بقي من المسلمين إلى المدينة، وكانت الهزيمة بسبب مخالفة الرماة لأمر الرسول ﷺ؛ وأظهر المنافقون فرحهم وسرورهم بانتصار المشركين وهزيمة المؤمنين.

وفي العام الخامس من هجرة الرسول ﷺ إلى المدينة فكرت قريش في القضاء على الإسلام قضاء مبرماً؛ لاستعادة هيبتها بعد انتصارها على المسلمين في أحد، واشتدت القبائل في عداوة المسلمين، وأعلن اليهود عداءهم السافر لرسول الله ﷺ وصحبه، ونقضوا عهدهم مع المسلمين، فطردهم الرسول من المدينة إلى خيبر وحرضوا كفار قريش على غزو المدينة والقضاء على النبي وصحبه، فصادفت دعوتهم هوى في صدور المشركين، وما لبثوا حتى ساروا إلى المدينة في جيش بلغ تعداده عشرة آلاف مقاتل.

استشار الرسول ﷺ صحبه، فأشاروا بحفر خندق حول المدينة يحميها من جيش الكفار الغازي.

في هذه الأثناء كشف المنافقون عن وجوههم القناع.. واستمر حصار جيش الكفار للمدينة شهراً، وهبت ريح عاصفة عاتية اقتلعت خيام الكفار، فرحلوا عن المدينة، وبذلك نجّى الله المسلمين ورسولهم العظيم ﷺ.

واصطلح المسلمون وقريش في العام السادس للهجرة عند الحديبية على أن يرجع الرسول ﷺ وصحبه إلى المدينة بلا حج أو عمرة على أن تضع الحرب أوزارها بين الفريقين عشر سنين، وعلى أن يرد الرسول من يأتيه مسلماً من قريش، وأن يدخل مكة من العام التالي معتمراً ويقيم بمكة ثلاثة أيام.

وسمي ذلك الاتفاق بصلح الحديبية، ولما بايع المسلمون رسول الله ﷺ بيعة الرضوان نزل قوله تعالى في سورة الفتح: ﴿ **لَقَدْ رَضِيَ اللَّهُ عَنِ الْمُؤْمِنِينَ إِذْ يُبَايِعُونَكَ تَحْتَ الشَّجَرَةِ فَعَلِمَ مَا فِي قُلُوبِهِمْ فَأَنْزَلَ السَّكِينَةَ عَلَيْهِمْ وَأَثَابَهُمْ فَتْحًا قَرِيبًا** ﴾.

وكان من نتائج صلح الحديبية أن أمن المسلمون جانب قريش عشر سنين، اشتد في أثنائها عود الدعوة الإسلامية وانتشر الإسلام في بقية شبه جزيرة العرب.

في العام التالي -السابع الهجري- اجتمعت اليهود لحرب الرسول ﷺ في المدينة .. وكان يتزعمهم قبائل خيبر وفدك ووادي القرى، فخرج إليهم الرسول ﷺ مقاتلاً حتى وصل إلى خيبر ليلاً، وهم مقيمون بحصونهم، وفاجأهم المسلمون صباحاً، فأغاروا عليهم ودارت معركة رهيبة انعقد فيها لواء النصر للمسلمين واستولوا على أرض خيبر.

ثم أرسل رسول الله ﷺ إلى الملوك والأمراء والقياصرة يدعوهم إلى الإسلام.

فأرسل إلى قيصر الروم دحية بن خليفة الكلبي، وأرسل إلى كسرى الفرس عبدالله بن حذافة السهمي، تقبل هرقل قيصر الروم الرسالة قبولاً حسناً، أما كسرى فاستهان بالرسالة فسلّط عليه سبحانه وتعالى ابنه شيرويه فقتله، وسرعان ما دخل باذان عامل كسرى على اليمن في الإسلام هو ومن معه.

وأرسل ﷺ رسالة إلى النجاشي فأحسن استقبال الرسول والرسالة، وأرسل من كان عنده من المسلمين المهاجرين بسفينتين عليهما جعفر بن أبي طالب.

وأرسل ﷺ رسالة إلى المقوقس عظيم القبط في مصر، فأرسل إلى الرسول ﷺ بهدية وجاريتين، تزوج الرسول بمارية فولدت له إبراهيم، بينما تزوج حسان بن ثابت بأختها سيرين.

واعتمر رسول الله ﷺ في العام الثامن للهجرة في ألفين من المسلمين، ومكث الرسول وصحبه بمكة ثلاثة أيام، زار المهاجرون فيها دورهم، وتزوج الرسول ﷺ ميمونة بنت الحارث، وفي اليوم التالي لوصول الموكب المعتمر صعد بلال فوق الكعبة وأذن لصلاة الظهر.

بعد هذه الحادثة أعزَّ الله بالإسلام خـالد بن الوليـد وعمـرو بن العـاص وعثمان بن طلحة، وخلقاً كثيرين.

وفي العام نفسـه أرسـل ﷺ جيشاً لغزو الروم وأمَّر على الجيش زيد بن حارثة وجعفر بن أبي طالب وعبدالله بن رواحة.. لكن الروم أقبلوا إلى مؤته في جيش ضخم، نحو مئتي ألف والتقى الفريقان، واستشهد الأمراء الثلاثة، واستطاع خـالد بن الوليد بتـوفيق من الله ثم بذكائه أن يسحب من تبقى بالجيش من المسلمين ورجع بهـم إلى المدينة.

وحين نقضت قريش صلح الحديبية في العام نفسـه سـار ﷺ إلى مكة في السنة الثامنة للهجرة في عشرة آلاف مقاتل، واتجه إلى المسجد الحرام وطاف به سبعاً وأمر بإزالة الأصنام، وأعز الله الإسلام ودخل الناس في دين الله أفواجاً.

وعفا رسول الله عن قريش.. وقال لهـم: **«اذهبوا فأنتم الطلقاء»**.

وبعد أسبوعين قضاهمـا ﷺ بمكة وصل إلى مسـامعـه أن ثقيفاً وهوازن اتفقتا على محاربته، فخرج ﷺ إليهمـا في اثني عشر ألفاً إلى حنين، واحتدم وطيس المعركة واستبسل المسلمـون في القتال، بعد أن خرج عليهم الأعداء من أطراف الوادي فتوقفوا قليلاً ثم أنزل الله سكينته عليهم: ﴿وَيَوْمَ حُنَيْنٍ إِذْ أَعْجَبَتْكُمْ كَثْرَتُكُمْ فَلَمْ تُغْنِ عَنكُمْ شَيْئًا وَضَاقَتْ عَلَيْكُمُ الْأَرْضُ بِمَا رَحُبَتْ ثُمَّ

وَلَّيْتُم مُّدْبِرِينَ ﴾، ففرقوا المشركين أمامهم، وتقهقر الكفار وانتصر المسلمون، وحاصر ﷺ الطائف، وما لبثت ثقيف وهوزان أن دخلتا في الإسلام.

ورجع رسول الله ﷺ إلى المدينة.. واتخذها وطناً له بعد أن دخل الناس في دين الله أفواجاً.

أعدَّ الروم العدّة لقتال المسلمين، فاحتشدوا على حدود الشام فخرج إليهم رسول الله ﷺ بجيشه حتى تبوك على حدود الشام، ورجع الروم دون قتال، وذهب خالد بن الوليد إلى دومة الجندل ففتحها، وعاد الرسول ﷺ إلى المدينة، وهذه الغزوة هي آخر غزوات الرسول ﷺ.

وغدت وفود كثيرة إلى مدينة رسول الله ﷺ تعلن الدخول في دين الله، وسُمي العام التاسع للهجرة عام الوفود.

حجة الوداع:

وفي السنة العاشرة من الهجرة خرج ﷺ في مئة ألف من المسلمين قاصداً البيت الحرام، وعند عرفات ألقى على المسلمين أعظم خطبة في الإسلام.. فقد قال فيها: **«إن دماءكم وأموالكم حرام عليكم إلى أن تلقوا ربكم كحرمة يومكم هذا، وكحرمة شهركم هذا، أيها الناس إن ربكم واحد**

وإن أباكم واحد، كلكم لآدم وآدم من تراب، إن أكرمكم عند الله أتقاكم، لا فضل لعربي على أعجمي ولا لأبيض على أسود إلا بالتقوى».

ومرض الرسول ﷺ بعد أشهر من حجة الوداع بالحمى، واشتد مرضه فأحاط الأنصار بالمسجد، فخرج ﷺ وصعد إلى المنبر وخطبهم خطبة جليلة حثهم فيها على التحاب وأوصى بالأنصار خيراً.

وانتقل الرسول ﷺ إلى جوار ربه يوم الإثنين الثاني عشر من ربيع الأول من العام الحادي عشر من الهجرة، الموافق للثامن من شهر حزيران عام اثنين وثلاثين وستمئة من الميلاد وسنه ثلاث وستون سنة هجرية!

كانت أزواج الرسول ﷺ (أمهات المؤمنين) وقت وفاته تسعاً.. أما خديجة بنت خويلد أولى زوجاته فقد لحقت بالرفيق الأعلى عام الحزن، وقد ولدت لرسول الله ﷺ ولده كلهم إلا إبراهيم فهو من مارية القبطية..

وتزوج ﷺ عائشة بنت الصديق بمكة وبنى بها بالمدينة، وتزوج سودة بنت زمعة بن قيس، وتزوج زينب بنت جحش بن رئاب الأسدية ابنة عمه، وكانت قبله عند زيد بن حارثة، زوّجه إياها تبارك وتعالى من فوق سبع سماوات بأمره في سورة الأحزاب: ﴿فَلَمَّا قَضَىٰ زَيْدٌ مِّنْهَا وَطَرًا زَوَّجْنَاكَهَا﴾.

وتزوج ﷺ أم سلمة هند بنت أبي أمية بن المغيرة، وتزوج حفصة بنت عمر بن الخطاب، وتزوج رملة بنت أبي سفيان، وتزوج جويرية بنت

الحارث بن أبي ضرار من سبايا بني المصطلق، وتزوج صفية بنت حيي بن أخطب من خيبر، وتزوج ميمونة بنت الحارث الهلالية، وتزوج زينب بنت خزيمة بن الحارث، أم المساكين.

ومات في حياة الرسول ﷺ من نسائه أمهات المؤمنين خديجة بنت خويلد وزينب بنت خزيمة أم المساكين.

تلك كانت سيرة موجزة للرسول ﷺ الذي بدأ بهجرته تاريخ الإسلام، سيرة طاهرة عطرة، كلها أريج وبركة.

الباب الثاني
الخلفاء الراشدون

أبو بكر الصديق (١١هـ-١٣هـ/ ٦٣٢م-٦٣٤م):

حين لحق الرسول ﷺ بالرفيق الأعلى ذهب الأنصار إلى سقيفة بني ساعدة كي يختاروا خليفة لرسول الله ﷺ، وخطبهم سعد بن عبادة زعيم الخزرج فذكر أن الأنصار هم سكان المدينة وعليهم تقع المسؤولية، بيد أن كبار الصحابة سارعوا إلى اجتماع السقيفة، وبايعوا أبا بكر الصديق بالخلافة ليكون أول خليفة لرسول الله ﷺ، ورضي الأنصار وبايعوا.

سُمي أبو بكر في الجاهلية عبدالكعبة، وسماه رسول الله ﷺ عبدالله، وأطلق عليه الصديق لأنه أول من صدق برسالته ﷺ من الرجال.

وأسلم على يدي أبي بكر عدد من كبار الصحابة منهم عثمان بن عفان، والزبير بن العوام، وعبدالرحمن بن عوف، وسعد بن أبي وقاص.

وهاجر أبو بكر مع النبي ﷺ، وزوَّج ابنته عائشة الصديقة بنت الصديق لرسول الله ﷺ.

خطب أبو بكر بعد مبايعته بالخلافة وقال:

« يا أيها الناس، إني قد وُلّيت عليكم ولست بخيركم، فإن أحسنت فأعينوني وإن أسأت فقوموني، أطيعوني ما أطعت الله ورسوله، فإذا عصيت الله ورسوله فلا طاعة لي عليكم ».

ما إن سمع الناس خارج المدينة بموت الرسول ﷺ حتى ظنوا أن الإسلام قد انتهى، ووجدت أغلب القبائل الفرصة سانحة ليخرجوا على خليفة رسول الله ﷺ فامتنع بعضهم عن دفع الزكاة، وأعلن بعضهم ارتداده عن الإسلام إلى الكفر.

هزّت الردة العالم الإسلامي في ذلك الحين، فأصر أبو بكر على قتال المرتدين حتى يرجعوا إلى رشدهم ويؤدوا ما فرض الله عليهم.

وقال:

« والله لأقاتلن من فرق بين الصلاة والزكاة، فإن الزكاة حق المال، والله لو منعوني عقالاً كانوا يؤدونها إلى رسول الله ﷺ لقاتلتهم على منعها ».

وأرسل أبو بكر كتباً للمرتدين يدعوهم فيها إلى العودة إلى حظيرة الإسلام، ثم أرسل الجيوش لقتالهم حين رفضوا الانصياع والطاعة، ومن أشهر الذين أمَّرهم أبو بكر على جيوشه:

* خالد بن الوليد . · * شرحبيل بن حسنة .

* عكرمة بن أبي جهل . · * عمرو بن العاص .

* سعيد بن العاص . · * العلاء الحضرمي .

ولم تلبث نار الردة أن خمدت بعد أن انتصرت جيوش الحق على المرتدين .

ادّعى بعض أفراد قبائل شبه جزيرة العرب النبوة، وكان مسيلمة الكذاب أخطرهم، إنه من بني حنيفة، استطاع أن يقود قبيلته لتتردى في دعوته الكاذبة، وتزوج امرأة من بني تميم اسمها سجاح، فضم قبيلتها إلى دعوته، والطريف أن مسيلمة أرسل إلى الرسول ﷺ كتاباً يدعوه إلى اقتسام النبوة والرسالة، فأرسل إليه رسول الله كتاباً ينقض دعوته، يقول فيه: **﴿من محمد رسول الله إلى مسيلمة الكذاب، سلام على من اتبَع الهدى، أما بعد فإن الأرض لله يورثها من يشاء من عباده والعاقبة للمتقين﴾**.

وما إن تولى أبو بكر الخلافة حتى أرسل إلى مسيلمة جيشاً يقوده عكرمة ابن أبي جهل، ثم سير جيشاً آخر يقوده شرحبيل بن حسنة، ولم يتمكن القائدان من الوصول إلى الهدف، فسيّر أبو بكر جيشاً يقوده خالد بن الوليد،

فانهـزم جيش مسيلمة بعد معركة حديقة الموت التي استشهد فيها كثير من حفظة كتاب الله عز وجل، وقتل وحشيٌّ مسيلمة الكذاب، فانتهت فتنته .

أمـا الأسـود العنسي الذي ظهر في اليـمن وادعى النبوة وانضـمت إِليـه معظم قبائل اليمن فقد قتل غيلة وانتهت دعوته .

وكـان طليـحة بن خـويلد من بني أسد قد انضـمت إِليـه غطفـان ومن حولها، ولما سيّر إِليه أبو بكر جيشاً يقوده خالد بن الوليد وهزمت جيوشه فرّ طليحة إِلى الشام وأقام في قبيلة كلب وأسلم حين أسلمت تلك القبيلة .

وامتدت رقعة العالم الإِسلامي في خلافة أبي بكر، فسير أبو بكر جيش أسامة بن زيد الذي كان قد عقد لواءه الرسول ﷺ قبل وفاته للثأر من الروم، وقال أبو بكر للجيش : « لا تخونوا ولا تغلوا وتغدروا وتمثلوا ولا تقتلوا طفلاً صغيراً ولا شيخًا كبيراً ولا امرأة ولا تعقروا نخلاً ولا تحرقوه ولا تقطعوا شجرة مثمرة ولا تذبحوا شاة ولا بقرة ولا بعيراً إِلا لمأكله . . » .

نزل أسامة البلقاء (في منطقة عمّان اليوم) وقضى على من لقيه من جند الروم، وأحرق المدن التي قاومت المسلمين، فأرهبوا الروم وأدخلوهم الجحور .

وأرسل أبو بكر المثنى بن حـارثة الشـيبـاني فانضم إِلى جيش العـلاء الحضـرمي واستـولى على القطيف وحارب الفرس الذين عاونوا المرتدين في

البحرين، ثم جهز أبوبكر جيشاً يقوده خالد بن الوليد عدته عشرة آلاف مقاتل، فقاتل الروم في اليرموك وهزمهم وقتل منهم مئة وعشرين ألفاً.

لكن أثناء قتال المسلمين في اليرموك لإعلاء كلمة الحق توفي أبوبكر – رضي الله عنه – وكان ذلك في السنة الثالثة عشرة من الهجرة. ورحم الله أبابكر الصديق.

عمر بن الخطاب (١٣هـ-٢٣هـ/ ٦٣٤م-٦٤٤م)

ولد عمر الفاروق بمكة قبل حرب الفجار بأربع سنين، وأسلم وسنّه ست وعشرون سنة، ولم يحفظ إِسلامه في السر بل جهر به، وهاجر علناً والكفار ينظرون، وصحب الرسول ﷺ في معظم غزواته . لقبه الرسول العظيم بالفاروق؛ لأن الله فرّق به بين الحق والباطل .

وحين اشتدت العلة بأبي بكر خاف أن يتنازع المسلمون ويختلفوا على من يولونه الخلافة، فعهد بالخلافة من بعده لمن اعتقد فيه الكفاية وحسن السياسة، فكانت البيعة لعمر بن الخطاب، وخاطب أبو بكر المسلمين قائلاً : «إِني قد وليّت عمر بن الخطاب فاسمعوا وأطيعوا» .

فأجابوه : سمعنا وأطعنا .

خطب عمر المسلمين أول عهده بالخلافة قال :

« اتقوا الله عباد الله وأعينوني على أنفسكم بكفّها عني، وأعينوني على نفسي بالأمر بالمعروف والنهي عن المنكر» .

وكان خالد بن الوليد والمثنى بن حارثة الشيباني قد انتصرا على الفرس، واستوليا على الحيرة والأنبار، وصالحا أهلها على أن يؤدوا الجزية، لكن يزدجرد آخر ملوك ساسان أعد جيشاً بقيادة رستم، فأمر أبو بكر خالداً بالتوجه للّحاق بجيوش المسلمين لقتال الروم في فلسطين والشام .

فلما تولى عمر الخلافة أرسل إلى العراق أبا عبيد الثقفي فاشتبك مع جيوش الفرس، لكنه انهزم وجيشه في واقعة الجسر، فعهد عمر إلى سعد بن أبي وقاص بالانطلاق إلى القادسية، فالتقى جيش الفرس بقيادة رستم وعدّته ثلاثون ألفاً، وكان جيش المسلمين نحو ثمانية آلاف، واشتد القتال وانتهى بنصر الله للمؤمنين وهزيمة الفرس، وقتل قائدهم رستم، وكان ذلك في العام الخامس عشر للهجرة، واستولى المسلمون على مغانم كثيرة، وما لبث سعد أن تبع الفرس إلى جلولاء في العام التالي، وقتل عدداً كبيراً منهم، ثم اتخذ الكوفة مقراً، وأسس بها المسجد الجامع، ثم استولى على المدائن عاصمة كسرى بعد أن حاصرها شهرين.

فرّ يزدجرد ملك الفرس، وبعد خمس سنين وفي العام الحادي والعشرين من الهجرة انتصر المسلمون على الفرس في موقعة نهاوند، وفرّ يزدجرد إلى الحدود الشرقية، وتبدّد ملكه، وانتهى حكم الأكاسرة.

وبنى المسلمون الكوفة، كما بنوا البصرة، ودخل الفرس في الإسلام واختلطوا بالعرب المسلمين، وأصبحوا عنصراً إسلامياً فعّالاً في الدولة الإسلامية.

أمر عمر بأن تواصل جيوش الإسلام قتال الروم، فانتصر المسلمون على

الروم عدة انتصارات واستولوا على حمص وحماة واللاذقية وحلب وبيسان وطبرية .

ثم تم فتح بيت المقدس سنة ١٦هـ، وجاء الخليفة عمر بن الخطاب –رضي الله عنه– وسلّمت له، وبذلك أصبحت الشام الرومية في نطاق الإسلام، وولاية إسلامية .

ثم استأذن عمرو بن العاص الخليفة عمر بن الخطاب في فتح مصر، فجهزه بجيش من أربعة آلاف مقاتل، فالتقى جيش المسلمين بجيش الروم، واقتحم المسلمون حصن بابليون، وتم فتح الإسكندرية، وأتم المسلمون الاستيلاء على مصر التي رحب بهم أهلها ليخلصوهم من حكم الرومان وظلمهم، وأمدوهم بالمعونة والمؤن، وما إن دخل المسلمون مصر حتى خيّر عمرو بن العاص القبط بين الدخول في الإسلام أو البقاء على دينهم وأداء الجزية .

ومن إصلاحات عمر بن الخطاب وإنشاءاته العظيمة ما يلي :

١ – تأسيس البصرة: فقد أسسها في العام السادس عشر للهجرة . وقد فضل المسلمون سكنى البصرة لأنهم لم يألفوا سكنى المدن الكبيرة كالمدائن، وأصبحت البصرة من أهم المراكز الإسلامية للتجارة مع الهند والصين .

٢ - تأسيس الكوفة : كما أسس المسلمون الكوفة في العام السابع عشر للهجرة .

٣ - تأسيس الفسطاط : أسسها عمرو بن العاص في العام العشرين للهجرة يجوار حصن بابليون، واتسع نطاق الفسطاط وكان موقعها على رأس الدلتا مما سهل لعمرو الإشراف على الوجهين البحري والقبلي، واتخذها عمرو مقراً لحكمه .

وترجع تسمية الفسطاط إلى فسطاط عمرو (خيمته) الذي باضت فيه اليمامة أثناء ذهابه لقتال الروم في الإسكندرية . وأنشأ عمرو جامعه في العام الحادي والعشرين للهجرة، وهو أقدم الجوامع الإسلامية في مصر وإفريقية ويسمى بالمسجد الجامع وتاج الجوامع .

لماذا انتصر المسلمون؟

يتساءل كثيرون عن السبب في توالي انتصارات العرب المسلمين رغم قلة عددهم، وإنهائهم لأكبر قوتين في ذلك الحين، وهما الفرس والروم .

يرجع انتصار الإسلام في معاركه العظيمة في المقام الأول إلى تأييد الله ونصره لعباده المؤمنين، ثم بعد ذلك تأتي أسباب مادية نذكر منها ما يأتي :

أولاً : ضعف الروم والفرس : وذلك لتواصل القتال بين الدولتين لعدة

قرون، ولقد عرض القرآن الكريم في سورة الروم صورة ذلك الصراع حين أخبر بانتصار الروم بعد أن هزمتها الفرس، يقول تعالى : ﴿ الٓمٓ ۝ غُلِبَتِ الرُّومُ ۝ فِي أَدْنَى الْأَرْضِ وَهُم مِّنْ بَعْدِ غَلَبِهِمْ سَيَغْلِبُونَ ۝ فِي بِضْعِ سِنِينَ لِلَّهِ الْأَمْرُ مِن قَبْلُ وَمِنْ بَعْدُ وَيَوْمَئِذٍ يَفْرَحُ الْمُؤْمِنُونَ ۝ بِنَصْرِ اللَّهِ يَنصُرُ مَن يَشَاءُ وَهُوَ الْعَزِيزُ الرَّحِيمُ ﴾ .

لقد أضعف القوتين العظيمتين كثرة التناحر والتنافر بين جيوشهما، وحين وجه إليهما أبو بكر الصديق وعمر بن الخطاب نسور الإسلام لم تلبث راية النصر أن ارتفعت خفاقة لإعلاء كلمة الله ولكسر شوكة أعداء الله ورسوله ﷺ .

ثانياً : كثرة الضرائب التي فرضها الروم والفرس على الرعايا؛ مما أثقل كاهل هؤلاء الرعايا فتاقت نفوسهم إلى التحرر من نير العبودية والذل للدولتين، ورحبوا بالمسلمين، وبذلوا لهم العون والمؤن وحمسوهم ضد الروم والفرس .

ثالثاً : تقشف العرب وزهدهم في الدنيا وبذخها، فقد جبل المسلم على الاكتفاء بالزاد القليل لنفسه ولجواده، بينما اعتاد الفارسي والرومي على البذخ والإسراف في المأكل والمشرب .

رابعاً : الاضطهاد الديني الذي كان يلقاه الرعايا التابعون للدولتين، فقد كان أكثر أهل الشام ومصر على ديانة مخالفة لديانة الروم، فاضطهدهم الروم

وشتتوا شمل القساوسة، وما لبث هؤلاء وقد سمعوا بتسامح المسلمين أن هفت نفوسهم إلى الانضواء تحت لواء الإسلام.

خامساً: تعدد الأجناس، كانت جيوش الإسلام يسهل التفاهم بين أفرادها؛ لأنهم يتفقون في الجنس واللغة والمشاعر، أما جنود الروم والفرس فكانوا مختلفي الأجناس واللغات، ويصعب التفاهم بينهم.

سادساً: التحمس للدين، كان الإسلام في قلوب المسلمين، يتفانى المسلم في نشره، ويبذل روحه رخيصة في سبيل إعلاء شأن دينه، وهذا يفسر إصرار المسلم على محاربة الفرس والروم وهزيمتهما لكي ينشر الدين الحق في شتى بقاع الأرض.

شخصية عمر:

بعد أن ذكرنا العوامل المادية التي أتاحت انتصار المسلمين على أعدائهم من الفرس والروم بعد نصر الله لهم نتحدث عن شخصية عمر العظيمة:

عمر هو أول من لقب بأمير المؤمنين، فقد قال له بعض الصحابة: كان أبوبكر خليفة رسول الله ﷺ، وأنت خليفة أبي بكر، ومن سيأتي بعدك سيسمى خليفتك؛ فهو خليفة خليفة رسول الله، وهذا يرهقنا.

فقال صحابي:

نحن المؤمنون، وأنت أميرنا، فأنت أمير المؤمنين.

فقبلها عمر.

كان لعمر –رضي الله عنه– صفتان بارزتان:

أ– الشدة والصرامة في تطبيق الحق وإقامة الحد، فهو ينتصر للحق على الباطل من الصديق أو العدو، من القريب أو البعيد على حد سواء، لا يهمه أسخط الناس أم رضوا.. قال ﷺ: **«رحم الله عمر، يقول الحق وإن كان مرًّا، تركه الحق وماله من صديق»**.

ب– الفراسه: قال ابن سلام: إن عمر كان لا يعرض له أمر إلا أنشد فيه بيت شعر، حكت عائشة –رضي الله عنها– عن الرسول ﷺ: **«قد كان في الأمم محدَّثون ملهمون، فإن يكن من أمتي أحد فهو عمر بن الخطاب»**.

صدق رسول الله ﷺ.

لقد أقام عمر ميزان العدل على نحو غير مسبوق في العالم كله، وأدار شؤون الدولة الإسلامية بالشدة والفراسة على أتم وجه.

وقطع عمر عهداً على نفسه: ألا يشغل بدنياه عن آخرته.

كان يقول: «إنما أنا ومالكم كوالي مال اليتيم، إن استغنيت استعففت، وإن افتقرت أكلت بالمعروف».

فقيل له : ما ذاك بالمعروف يا أمير المؤمنين؟!

قال عمر: لا تقوم البهيمة الأعرابية إلا بالقضم لا الخضم .

ولعل أروع مثل ضربه عمر على تطبيق حدود الله وشريعته الإسلامية ما فعله بولده أبي شحمة أو عبدالرحمن الأوسط الذي تعاطى الخمر مع أحد رفاقه بمصر، وأقام عليه عمرو بن العاص والي مصر الحد في صحن داره، مما أغضب عمر فأمره أن يرسل ابنه إليه في المدينة على بعير، وفي المدينة أقام عليه الحد مرة ثانية على ملأ من الناس حتى شارف على الوفاة . فقال له عمر:

إِذا لقيت رسول الله فأنبئه أن عمر يقيم الحدود .

استشهاد عمر ـرضي الله عنه-:

خرج عمر يوماً يطوف في السوق فلقيه أبو لؤلؤة وقال له :

يا أمير المؤمنين، أعنِّي على المغيرة بن شعبه فإن علي خراجاً كثيراً .

فسأله عمر ـرضي الله عنه-:

ـ كم خراجك؟

قال : درهمان كل يوم .

سأله عمر:

– وما صناعتك؟

قال: بخّار، نقّاش، حدّاد.

قال عمر:

– فما أرى خراجك بكثير على ما تصنع من الأعمال.

وطلب إليه عمر أن يصنع له رحى، فقال أبو لؤلؤة:

إن شئت لأعملن لك رحى يتحدث بها من في المشرق والمغرب.

وفي صباح ثالث يوم أمَّ عمر الناس في المسجد فشق أبو لؤلؤة الصفوف وطعنه بخنجر ست طعنات، ثم طعن نفسه.

وأوصى عمر وهو يجود بأنفاسه ابنه عبدالله بأن يستأذن عائشة ليدفن بجوار رسول الله ﷺ وأبيها أبي بكر، فأذنت له، رحم الله عمر بن الخطاب الذي لقي ربه عام ٢٣هـ شهيداً.

عثمان بن عفّان (٢٣هـ-٣٥هـ/ ٦٤٤م-٦٥٦م)

حين طُعِن الخليفة عمر بن الخطاب بخنجر أبي لؤلؤة المسموم، وألحَّ المسلمون عليه أن يعهد بالخلافة لأحد من بعده، فاختار –رضي الله عنه– ستة من أكابر الصحابة وأوصى أن يكون الخليفة من بينهم، وقال لهم وهو في فراش الموت:

«إِني أخاف عليكم اختلافكم فيما بينكم فيختلف الناس، فانهضوا إلى حجرة عائشة فتشاوروا واختاروا رجلاً منكم».

كان الستة هم: علي بن أبي طالب، وعثمان بن عفان، وطلحة بن عبيدالله، وعبدالرحمن بن عوف، وسعد بن أبي وقاص، والزبير بن العوّام.

لكن الخليفة لم يعين إِلا بعد أن واروا جسد عمر التراب، ثم بايعوا عثمان بن عفان، فأصبح الخليفة الثالث لرسول الله ﷺ.

من هو عثمان؟

هو عثمان بن عفان بن أبي العاص بن أمية بن عبدشمس بن عبدمناف. وكان يكنى بأبي عبدالله، وأبي عمرو، ويقال له ذو النورين لأنه تزوج ابنتي الرسول ﷺ: رقية وأم كلثوم.

وفي حديث مشهور عن البخاري أن رسول الله ﷺ قال: « **من يحفر بئر رومة فله الجنة، فحفرها عثمان، ومن جهّز جيش العسرة فله الجنة فجهّزه عثمان** » .

وأشاد ﷺ به فقال:

« **أرحم أمتي أبو بكر، وأشَدها في دين الله عمر، وأشدها حياءْ عثمان** » .

اتسعت الدولة الإسلامية في خلافة عثمان شرقاً وغرباً وشمالاً، فقد رفع الفرس راية العصيان بعد مقتل عمر في عصر يزدجرد، فأنفذ إليهم عثمان جيشاً بقيادة عبدالله بن عامر فقضى على العصيان وفتح خراسان .

كذلك أخضع المسلمون جرجان على يد سعيد بن العاص، وصالح أهالي بلاد ما وراء النهر الأحنف بن قيس .

وغزا عبدالله بن أبي السرح إفريقية وأخضعها للنفوذ الإسلامي .

ولقد حاول الروم غزو مصر واستعادتها من السيطرة الإسلامية، فهزم المسلمون بقيادة عبدالله بن أبي السرح جنود الروم بقيادة ملكهم قسطنطين في معركة بحرية عظيمة اسمها ذات الصواري (شمال قبرص) بالقرب من سواحل الأناضول، حدث ذلك في العام الرابع والثلاثين للهجرة .

عُرف عثمان -رضي الله عنه- بالسخاء والكرم ولين الجانب، وكان المجتمع قد تغيّرت أحواله كثيراً عما كانت عليه في عهد الخليفة الثاني عمر؛ فقد تدفقت الأموال على المسلمين من البلاد المفتوحة، وعاش الناس في رخاء وبحبوحة، ومع لين عثمان -رضي الله عنه- ورخاء العيش وجد اليهود فرصتهم للانتقام من المسلمين، وإثارة الفتنة بينهم، وتزعم هذا الأمر يهودي أظهر إسلامه وأخفى الكفر (منافق)، وذلك هو عبدالله بن سبأ وكان يعرف بـ (ابن السوداء)، وهو من يهود اليمن، وقد بدأ يبث الإشاعات في نفوس الأعراب والبداة حديثي العهد بالإسلام، وكان من هذه الإشاعات المغرضة:

أولاً: أن عثمان -رضي الله عنه- يحابي أقرباءه ويوليهم المناصب الهامة؛ ولذا قام بعزل ولاة عمر وتعيين أقربائه..

ثانياً: أن علياً -رضي الله عنه- أحق بالخلافة من عثمان..

وبدأ ابن سبأ ينشر الفتنة في الأمصار ويشنّع على والي الكوفة سعيد بن العاص، ومما يدل على كذب افتراءات ابن سبأ وخبث مؤامراته أن عثمان - رضي الله عنه- استجاب لهم وعزل سعيداً وولى مكانه أبا موسى الأشعري كما طالب أنصار الفتنة، ومع ذلك لم يتوقفوا، واستمروا يشيعون الشائعات في كل مكان وخاصة في مصر.

حاول كبار الصحابة منع المخربين عن غيّهم بمحاورتهم ومعرفة مطالبهم ومناقشتها مع الخليفة، إلا أن ابن سبأ كان قد أعدّ خطة محكمة ليدخل ومن سار معه من أنصار الفتنة إلى المدينة المنورة حيث الخليفة عثمان –رضي الله عنه–، فتسللوا وسط الحجيج، وأحس الصحابة في المدينة بالخطر فخرجوا إلى مشارفها ليدافعوا عنها، فلما رآهم المخربون وقع الخوف في نفوسهم، وأظهروا الطاعة والعودة من حيث جاؤوا، فاطمأن الصحابة ودخلوا المدينة، وبعد قليل فوجئوا بالمخربين من أنصار الفتنة يملؤون الشوارع، ثم يحاصرون دار الخليفة عثمان –رضي الله عنه– ويسيئون إليه في المسجد وهو يخطب الناس، ويهددونه ليتنازل عن الخلافة فيرفض، وبينما هو في بيته يتلو القرآن الكريم إذا بهم يتسلقون جدارن منزله ويهاجمونه ويقتلونه.

ويطلق المؤرخون على هذه الفتنة التي أودت بحياة عثمان –رضي الله عنه– (الفتنة الكبرى)، رضي الله عن عثمان.

علي بن أبي طالب (٣٥هـ-٤٠هـ/ ٦٥٦م-٦٦١م)

الآن نختم حديثنا عن خلافة الراشدين بآخرهم علي بن أبي طالب بن عبدالمطلب بن هاشم بن عبدمناف، وكنيته أبو الحسن، وهو ابن عم رسول الله ﷺ، وزوج ابنته الشريفة فاطمة –رضي الله تعالى عنها–.

كان أبو طالب كثير العيال وفقيراً، وقد كفل محمد ﷺ علياً ليعاون عمه أبا طالب وليرد إليه دَيْنه الذي طوّقه به صغيراً حين احتضنه وكفله وهو يتيم بعد أن توفي عنه جده عبدالمطلب.

كانت سن علي حين كفله الرسول العظيم ﷺ عشر سنين، وكان أول الفتيان إسلاماً، وحين نزلت الآية الكريمة: ﴿ وَأَنذِرْ عَشِيرَتَكَ الأَقْرَبِينَ ﴾ كان علي أول من آزر النبي ﷺ في نشر الرسالة النبوية.

وكان علي هو الذي نام في فراش الرسول ﷺ ليلة الهجرة إلى المدينة ثم لحق بالرسول وأبي بكر بعـد أن ردّ الودائع التي كـانت عند النبي ﷺ لأصحابها.

في سن العشرين اشترك علي في غزوة بدر الكبرى.

وصفوه، فقالوا:

كان يرتدي بيضة لامعة فيها ريشة.

انطلق علي بسيفه يشق الصدور ويجتث الرؤوس، فهو صاعقة تنقضّ فتحرق الأعداء، وكان علي هو الذي صرع الوليد بن عتبة، وقتل حنظلة بن أبي سفيان، والعاص بن سعيد بن العاص، ونوفل بن خويلد، وزمعة بن الأسود.

بعد مقتل عثمان –رضي الله عنه– ذهبت جماعة المسلمين إلى علي يبايعونه بالخلافة، فقال لهم:

لا حاجة لي بها، سأرضى بمن رضيتموه.

إنه الآن في التاسعة والخمسين، وقد زهد في الخلافة.

ذهب الناس إلى طلحة والزبير ووسّطوهما في الحديث مع علي ليقبل الخلافة.

وذهب الرجلان إليه وقالا له:

ألا ترى الفتنة؟ أنقذ الناس يا ابن عم رسول الله.

فقال علي للجماعة المسلمة:

قد أجبتكم.

بويع علي بالخلافة من جميع من كانوا بالمدينة، وكان ذلك في الغد من مقتل عثمان، فخطب عليُّ الناس وقال:

« أطيعوا الله ولا تعصوه، وإذا رأيتم الشر فأعرضوا عنه، اللهم انصر القائمين بكتابك وسنتك » .

أراد عليٌّ أن يعزل معاوية عن الشام فصمم معاوية على البقاء فيها إلى أن يشاء الله، وأرسل إلى علي رسالة يطالبه فيها بدم عثمان .

أخذوا يطالبونه بدم عثمان، والقصاص من قتلته .

وها هو يدخل مع معاوية المعركة بعد المعركة، ثم يلجأ معاوية إلى تحكيم كتاب الله بينهما –عندما أيقن أن جيش علي موشك على الانتصار– ويوافق علي على ذلك، ويوفد أبا موسى الأشعري من لدنه مفاوضاً، بينما يُفَوِّضُ معاوية عمرو بن العاص في الحديث عنه .

ويجري التحكيم، ولم يصلوا إلى نتيجة .

بعد التحكيم ساء موقف علي، وبعد أن عاد علي إلى الكوفة التي اتخذها عاصمة للخلافة انقسم الناس عليه بعد أن رفض علي أن يتنازل عن الخلافة لمعاوية، وظهرت طائفة الخوارج الذين خرجوا على عليّ بعد التحكيم، وكان عددهم اثني عشر ألفاً، فذهبوا إلى النهروان، ودارت بينهم وبين علي حرب طاحنة انعقد لواء النصر فيها لعلي، وحين عاد إلى الكوفة ليستنفر الناس لقتال معاوية تقاعسوا عن نصرته .

كان علي يسوّي بين الناس، وينفق من بيت المال على الفقراء والمساكين، وكان دائماً يقول:

يا دنيا غُرِّي غيري .

ويكتب إلى عامله ويقول: « احتفظ بما في يديك من عمل حتى نبعث إليك من يتسلمه منك » .

ويرفع طرفه إلى السماء ويقول:

« اللهم إنك تعلم أني لم آمرهم بظلم خلقك ولا بترك حقك » .

نظم علي الشرطة وحفظ النظام، وقبض على الجناة والمجرمين، وهو الذي أطلق على رئيس الشرطة اصطلاح (صاحب الشرطة) واشتهر بالمروءة واحترام العهود والوفاء، والحرص على حقن دماء المسلمين .

قال عنه أبو رافع، خازن بيت المال:

طلب عقيل بن أبي طالب من أخيه علي منحه من بيت المال، فأبى علي أن يعطي أخاه وقال له:

يا أخي، ليس لك من هذا المال غير ما أعطيتك، ولكن اصبر حتى يجيء مالي وأعطيك ما تريد .

فهل هناك من هو أشد حرصاً على مال المسلمين من علي؟ ومع ذلك كان علي يعيش عيشة التقشف والزهد، وكان طعامه أدنى مستوى من طعام رعاياه.

يقول علي لأصحابه:

سلوني عن كتاب الله تعالى، فوالله ما من آية إلا وأنا أعلم أنزلت بليل أم نهار في سهل أو جبل..!

كان لقبه –رضي الله عنه– قاضي الأئمة، وقد روى كثيراً عن النبي ﷺ:

يقول علي:

« الناس ثلاثة: عالم ربّاني، وعالم متعلّم على سبيل نجاة، وهمج رعاة أتباع كل ناعق.. يميلون مع الريح، لم يستضيئوا بنور العلم، ولم يلجؤوا إلى ركن وثيق. العلم خير من المال، العلم يحرسك وأنت تحرس المال. العلم يزكو على العمل، والمال تنقصه النفقه، وصحبة العالم دين يدان بها باكتساب الطاعة في حياته، وجميل الأحدوثه بعد وفاته..».

لما طالت الحرب بين علي ومعاوية اجتمعت طائفة باغية تتآمر وتتشاور كيف يمكن أن تُوقِف تلك الحرب.

كانوا ثلاثة :

عمرو التميمي .

عبدالرحمن بن ملجم .

البرك التميمي .

كان ذلك والناس نيام .. قال عمرو : لقد أصاب الجنون علياً ليقبل التحكيم يا ابن ملجم .. كان التحكيم وسيلة مكّنت معاوية بن أبي سفيان من رقاب الناس، ومعاوية لا ريب سيصير خليفة على المسلمين .

قال عبدالرحمن بن ملجم :

« حاول أن يصير معاوية خليفة ليستقر لآل سفيان الأمر، سأقتله قبل أن تحدثه نفسه بهذا » .

وقال البرك :

لقد قتل علي خير أصدقائنا في معركة النهروان حين رفضوا التحكيم .

وقالت أم عمرو :

وأنا فقدت أبي في هذه الحرب .

قال ابن ملجم :

وأنا فقدت أخي .

فعقّب البرك بقوله :

أما أنا فضاع ثلاثة من أعمامي وأخوان لي .

فقال ابن ملجم :

إِذن لابد من الخلاص من كل الذين اشتركوا في التحكيم، وخانوا الأمة وأنا أكفيكم علياً .

قال البرك :

وأنا أقتل معاوية :

وقال عمرو :

وأنا أكفيكم عمرو بن العاص .

واتفقوا على أن ينفذوا الاغتيال في السابع عشر من رمضان؛ لأن الناس يشتغلون أثناء رمضان بالعبادة والصوم .

في يوم استشهاده استيقظ علي في السحر وصلى صلاة خاشعة وسبّح الله كثيراً وختم صلاته وقد سمع صوت المؤذن يرفع أذان الفجر .

أوصى ابنه الحسن بأن يسبقه إلى المسجد ريثما يجدّد وضوءه فمضى الحسن خبباً [1] إلى المسجد.

وجاء علي –رضي الله عنه– وطعنه عبدالرحمن بن ملجم بالسيف، وهو يتقدم المصلين.

قال علي لولده الحسن: وهو يجود بنفسه:

اقتربت النهاية، وأريد أن أوصيك فاسمع.

وسكت ودمه ينزف، ورفض استدعاء الطبيب، ثم واصل يقول:

أحسنوا نزل الجاني وأكرموا مثواه. إن أعش فأنا أولى بدمه قصاصاً أو عفواً. إن مت فألحقوه بي أخاصمه عند رب العالمين.

وإياكم والمثلة ولو بالكلب العقور، واعتصموا بحبل الله جميعاً ولا تفرقوا، الله الله في الفقراء والمساكين.

أذّن المؤذن يدعو الناس إلى الصلاة فأشار علي وقال:

أيها الناس، اذهبوا إلى المسجد لتدركوا الصلاة قبل فواتها، ولا يتخلفن منكم أحد عنها .. غفر الله لكم.

---

(١) الخبب: المسرع.

دفن علي وسط النحيب والدموع، بكى الناس فيه الأصل الطيب والمنبت الخير والعدل والخوف من الله تعالى .. ودفنوه في اليوم الثالث .

وسأل الحسن قاتل أبيه :

ماذا دفعك إلى القتل؟!

أجاب عبدالرحمن :

ثأري أخذته، ونذري وفيّته .

صاح الحسن في غضب :

أي ثأر وأي نذر؟!

أجابه عبدالرحمن في هدوء :

تعاهدنا على قتل علي ومعاوية وابن العاص .

فقال الحسن :

خذوه وأقيموا عليه الحد .

رحم الله أمــيــر المؤمنين علي بن أبي طالب ورضي عنه وعن جــمــيع أصحاب رسول الله ﷺ (وكان قد نجا من هذه المؤامرة كل من معاوية وعمرو ابن العاص) .

المحتويات